AF371015

MÉTHODE ETHNOGRAPHIQUE

POUR SERVIR D'INTRODUCTION

A L'ÉTUDE DE LA RACE JAUNE.

Leçon faite au Collége de France,

LE 12 JUIN 1870,

PAR

LÉON DE ROSNY.

RÉDACTION STÉNOGRAPHIQUE DE M. VIGNON.

PARIS,

AMYOT, ÉDITEUR DE LA SOCIÉTÉ D'ETHNOGRAPHIE,

8, RUE DE LA PAIX.

1872

Extrait du recueil des *Actes de la Société d'Ethnographie*, 2ᵉ série, tome III.

DE LA

MÉTHODE ETHNOGRAPHIQUE

POUR SERVIR D'INTRODUCTION

A L'ÉTUDE DE LA RACE JAUNE.

LEÇON FAITE AU COLLÉGE DE FRANCE.
Le 12 juin 1870.

La bienveillance éclairée du Ministre de l'Instruction publique m'appelle à vous exposer, dans cette chaire, les principes d'une science nouvelle, l'ethnographie, et son application à l'étude de ce vaste ensemble de populations qu'on désigne communément sous le nom de *Race jaune*. Je vous demande la permission, avant d'aborder l'examen des principes de cette science, de vous entretenir un instant de la méthode qui doit présider à ses investigations et des rapports qui l'unissent étroitement avec la plupart des grandes branches de la recherche humaine.

L'Ethnographie a été définie « l'étude physique, morale

et intellectuelle de l'humanité. » Dans le sens rigoureux du terme, il s'appliquerait uniquement à la description des peuples. Mais, de même que le cadre de la géographie a été élargi au point d'embrasser la cosmographie, la géologie, et, en un mot, toutes les sciences qui se rattachent à l'étude de notre globe, de même l'ethnographie a été amenée à comprendre diverses sciences annexes, telles que l'*Ethnologie* ou discussions sur la formation et le développement des races, l'*Ethnogénie* ou recherche de leurs origines, l'*Anthropologie* ou histoire naturelle de l'homme, élément des races, la *Linguistique* ou science du langage, etc. Si je devais ajouter à cette énumération la liste complète des sciences qui prêtent un concours plus ou moins immédiat à l'ethnographie, j'aurais en ce moment à les citer à peu près toutes sans exception ; car il en est bien peu auxquelles l'ethnographe ne soit obligé de recourir pour l'élucidation des problèmes qui font l'objet de ses études.

Ce domaine à peu près illimité de l'ethnographie n'est pas sans inconvénients pour ceux qui se proposent une aussi vaste exploration. Il faut attribuer ce défaut de limites au caractère même de cette science qui se trouve placée, sur l'échelle des connaissances humaines, dans une situation analogue à celle qu'on avait attribuée à la philosophie. On peut en dire autant de l'histoire, surtout depuis qu'on cesse de comprendre sous ce titre le récit à peu près exclusif des faits et gestes des princes et des gouvernements. Les esprits supérieurs sont, en effet, d'accord aujourd'hui sur la nécessité de faire de l'histoire le tableau des progrès de la civilisation, et non point la généalogie et la biographie des chefs d'Etat. Ainsi comprise, l'histoire se rapproche de la façon la plus intime de l'ethnographie, et celle-ci n'est, à son tour, qu'une manière d'envisager la philosophie, en la faisant reposer, d'une manière plus formelle, sur les résultats directs de l'expérience et de l'observation.

Les sciences au milieu desquelles l'ethnographie est venue prendre place trouvent, par les principes qu'elle formule, les éléments de synthèse qui leur manquaient le plus souvent, et le but vers lequel elles tendent est de la sorte chaque jour mieux défini.

La géographie nous faisait bien connaître les faits relatifs à la constitution de notre globe et aux transformations qu'il a subies avec le temps; mais les auteurs qui s'en occupaient spécialement perdaient presque tous de vue les lois générales qui président à l'organisation de la terre et tendent à expliquer comment cette planète, depuis l'époque où elle n'était qu'un amas de vapeurs jusqu'à nos jours, a parcouru des phases de développement en rapport avec l'ordre de l'univers en général, et avec les destinées des êtres organisés, à la tête desquels se trouve l'homme, en particulier.

L'histoire, naguère, réduite presque toujours au récit des guerres entreprises par les princes et des machinations politiques de leurs ministres, laissait invisibles et ignorés les puissants ressorts du progrès des races et de leur civilisation. Assujettie aux données relativement insignifiantes de la *chronologie écrite*, elle ne pouvait aborder les grands problèmes qui se posent gigantesques devant nous, depuis que la géologie, la paléontologie, l'archéologie dite pré-historique, assignent au monde une antiquité tellement reculée, que les successions de mille ou de dix mille années sont en quelque sorte perdues dans ces immenses périodes de temps, — à peu près comme notre planète est perdue dans le vaste système solaire où elle se meut, — à peu près comme ce même système, au milieu duquel plane le soleil qui nous éclaire, se perd lui-même au sein de l'infini étoilé.

Que vous dirai-je, après cela, de l'Anthropologie, considérée comme histoire naturelle de l'homme, et de la Linguistique réduite au rôle d'examen analytique de la parole humaine? Tout en professant, pour ces deux grandes sciences, le respectueux attachement qui leur est dû ; tout en reconnaissant la valeur des faits qu'elles accumulent dans nos laboratoires, ne puis-je point ajouter qu'elles appellent elles-mêmes une théorie supérieure, une méthode synthétique, une critique à longue vue, sans lesquelles il y a tout lieu de craindre que ces mêmes faits qu'elles entassent n'aboutissent qu'à augmenter le désordre déjà si général dans la science de l'humanité? Car il ne faut pas nous le dissimuler, ou bien l'*Ecclésiaste* aura éternellement raison dans son défi lancé contre la vanité de la science, et alors les savants ne seront que de grands enfants s'amusant dans d'orgueilleuses et inutiles spéculations ; ou bien la science possède des bases essentiellement logiques, essentiellement vraies, certaines comme les lois des mathématiques, et ces bases doivent servir à l'édification d'un monument, qui sera la justification la plus éclatante de la Providence et de la grandeur de ses desseins. Ces bases, l'ethnographie s'est donné la mission de les rechercher ; et, si elle est condamnée, avant d'atteindre cette Terre promise du savoir humain, à marcher longtemps à tâtons dans les sentiers détournés de notre ignorance, du moins elle aura le mérite de ne point perdre un seul instant de vue ce qu'on peut appeler le but vraiment rationnel de la recherche humaine. Autre étoile de Bethléem, sans cesse lumineuse au milieu des profondes obscurités de nos incertitudes scientifiques, l'ethnographie nous guidera et nous servira de point d'appui dans toutes les investigations que nous avons à entreprendre, à l'effet de saisir la raison, le principe et la fin de l'œuvre éternelle de la Création.

Loin de moi la pensée de vous maintenir longtemps dans ces hautes régions spéculatives ; car je craindrais de mériter les reproches qu'on a adressés non sans raison à l'école apriorique et à celle des métaphysiciens. Je compte, au contraire, aborder avec vous les questions les plus pratiques, les plus positives de l'expérience et de l'observation. Tout fait sérieusement constaté me paraîtra digne d'une information sévère et aussi minutieuse que sa nature le comportera. Mais, je le répète, l'examen détaillé des faits ne devra jamais nous faire oublier la méditation des lois générales, sans la connaissance desquelles nous n'avons rien à gagner des notions scientifiques qui nous sont communiquées. Le premier principe de la méthode ethnographique consiste à tenir *simultanément* compte de tous les éléments de critique, à n'aborder la discussion d'un problème qu'après l'avoir considéré sous toutes ses faces, à ne proclamer sa solution définitive qu'autant qu'il aura été possible de déterminer, par un raisonnement logique et complet, au moins dans le cercle d'évolution où on l'aura placé, quels sont *tous* les aspects sous lesquels il est nécessaire de l'apercevoir (1).

Les sciences qui ont fait jusqu'à présent le plus d'efforts, dans le but de poser des jalons pour la classification des divers groupes de l'humanité, sont l'anthropologie et la linguistique. Voyons donc tout d'abord comment ces deux sciences ont procédé, et dans quelle mesure elles ont abouti à ce résultat si désirable pour le succès de nos études. Nous discuterons ensuite jusqu'à quel point leurs données peuvent

---

(1) Voyez à ce sujet les belles et savantes observations de M. de Rougé, sur la méthode ethnographique, dans les *Mémoires de la Société d'Ethnographie*, 2ᵉ série, t. XI, p. 106.

s'accorder avec celles qui résultent des progrès de la géologie, de la paléontologie et de l'archéologie pré-historique.
Là seulement, où nous trouverons accord parfait entre toutes
ces sciences, nous jugerons les éléments de discussion suf-
fisants pour décider quels principes et quels faits peuvent
être considérés comme définitivement acquis à l'ethnographie.

L'anthropologie, bien que le cadre de ses investigations
ait été fort élargi dans ces derniers temps, s'est à peu près
exclusivement occupée des caractères physiques de l'homme.
La division primordiale qu'elle a donnée des races est trop
frappante pour qu'on puisse la contester, du moins tant qu'il
ne s'agit que de la répartition des peuples en trois ou quatre
groupes principaux. La race blanche et la race noire forment
des branches très-distinctes de l'espèce humaine; les races
jaunes et rouges peuvent encore être admises, soit comme des
branches, soit comme des rameaux, bien que déjà de nombreuses incertitudes viennent assaillir le naturaliste. L'échelle
chromatique de la peau offre une gamme de nuances tellement
rapprochées les unes des autres, qu'il est souvent embarras-
sant d'établir une division nette et précise entre ce qui sépare
le type blanc du type jaune, le type jaune du type brun,
rouge ou cuivré, etc.

Ensuite il ne faut pas oublier que l'influence des milieux
est des plus puissantes sur la coloration de la peau humaine
dont les couches sont identiques, et qui ne diffère que par
le *pigmentum*, c'est-à-dire par l'élément soumis, de la manière
la plus efficace, aux altérations de l'atmosphère ambiante.
« La teinte, rapporte le Dr Livingstone, d'après l'examen
de nombreuses populations africaines, varie non-seulement
en raison des croisements, mais aussi des climats et de l'ex-
po.ition. »

Les caractères empruntés à la couleur des cheveux et à celle de l'iris sont encore plus incertains, du moins dans le plus grand nombre de cas. Les races se sont mélangées à toutes les époques, bien que dans une mesure variable. Si donc l'on réfléchit à la haute antiquité de l'espèce humaine, on comprend facilement les altérations qui ont dû se produire mainte et mainte fois dans des caractères aussi peu persistants que ceux qui nous occupent en ce moment. On voit sans cesse des enfants naître avec des cheveux d'une tout autre couleur que celle de leurs parents, et les conserver à peu près de la même nuance jusqu'à leur vieillesse, tandis que chez d'autres la teinte se modifie parfois complétement, à plusieurs périodes de l'existence.

Je n'ignore pas ce qu'on a pu dire sur les *lois de l'atavisme* qui font reparaître au bout de quelques générations le type des ancêtres communs. Cette théorie, comme j'aurai l'occasion de vous le démontrer, est insuffisante pour écarter les doutes qu'on a formulés sur la valeur des caractères anthropologiques en question.

L'anatomie présente, à son tour, des éléments de classification dignes de remarque, mais qui, dans la pratique, nous mettent en présence de trop nombreuses exceptions pour qu'il soit possible d'en faire un usage constant. La division ethnographique de Retzius en races *brachycéphales* et en races *dolichocéphales* est aujourd'hui admise par tous les anthropologistes ; mais là encore nous voyons reparaître l'inconvénient signalé tout à l'heure à propos du classement des races par la couleur de la peau, des yeux ou de la chevelure. Si les races les plus caractérisées de brachycéphalie et de dolichocéphalie sont faciles à reconnaître, il n'en est pas de même des races placées entre les deux termes extrêmes de l'échelle crâniométrique ; et, malgré les savants efforts de M. Broca pour constituer une série moyenne sous la dénomination de *mésaticéphale*, une classification rigoureuse n'est guère possible avec de tels principes. Son application aux races européennes qui nous sont les mieux connues, et où nous voyons les dispositions crâniennes les plus variables, est absolument inadmissible. M. Pruner Bey a cité, à cet égard, des faits incontestables qui établissent l'existence simultanée des types les plus nettement caractérisés de brachycéphalie et de dolichocéphalie dans des groupes de populations où l'unité est démontrée par la couleur de la peau et des cheveux, par la constitution physique, par le langage, etc. L'exemple qu'il cite des Allemands du Nord et du Sud d'une part, et des Irlandais et des Juifs de l'autre, est trop concluant pour qu'il soit nécessaire d'insister sur ce sujet.

La classification d'Isidore Geoffroy Saint-Hilaire est, en général, moins incertaine, moins embarrassante. Ce savant admettait quatre types principaux, savoir : 1° le type caucasique ou ORTHOGNATHE, au visage droit et ovale, et présentant une proéminence des parties *supérieures* de la tête (front, crâne, cerveau); 2° le type mongolique ou EURYGNATHE, au visage large avec pommettes saillantes, avec proéminence des parties *moyennes* de la tête (parties supérieures de la face); 3° le type éthiopique ou PROGNATHE, au visage proclive, avec prédominance des parties *inférieures* de la tête (mâchoire); 4° le type hottentot ou EURYGNATHO-PROGNATHE, au visage large et proclive, avec prédominance des parties *majeures et inférieures* de la tête (toute la face) (1). Ce système, d'une

---

(1) Voy. Charles de Labarthe, dans l'*Annuaire de la Société d'Ethnographie* de 1862, p. 32.

vérité frappante dans les grandes divisions que je viens de
rapporter, ne présente guère moins de doute que le précé-
dent, lorsqu'il s'agit de l'appliquer aux branches secondaires
de l'humanité. Il en est de même de tous les systèmes de
mensuration crânienne proposés jusqu'à ce jour. En atten-
dant le moment où je pourrai discuter ces systèmes avec vous,
permettez-moi de vous citer l'opinion d'un savant anthropo-
logiste américain, M. Aitkens-Maigs. Cette opinion vous
engagera, tout au moins, à réserver pour une époque ulté-
rieure votre jugement sur la portée ethnographique de la cé-
phalométrie. « La forme de l'occiput humain n'est pas
« constante. Au contraire, elle varie dans les différentes
« races et tribus d'hommes. Elle varie aussi, dans une plus
« ou moins grande mesure, parmi les individus de la même
« race ou tribu. » Et, plus loin, le même savant ajoute :
« Aucune des formes décrites ne peut être donnée comme
« appartenant exclusivement à une certaine tribu. En con-
« séquence, aucune d'elles ne peut être considérée comme
« typique, car un caractère ou une forme, pour être ty-
« pique, a besoin d'être constant. » Nous aurons cependant
à tenir un compte très-sérieux de toutes ces données dans
le cours de nos études.

Les recherches crâniologiques nous ont fourni, dans ces
dernières années surtout, quelques autres indications que je
dois vous signaler rapidement aujourd'hui, sauf à en faire,
plus tard, l'objet d'un examen plus approfondi. Je veux surtout vous parler des expériences sur la capacité crânienne,
non-seulement des diverses races comparées entre elles,
mais encore des diverses classes d'individus appartenant à
une même nation.

Ces expériences, qui n'ont malheureusement pas été faites
suivant une méthode uniforme, et qui offrent, de la sorte, de

— 12 —

trop fréquentes incertitudes, paraissent établir néanmoins ce que l'on avait supposé tout d'abord, à savoir que l'augmentation de la capacité crânienne est en raison de la supériorité relative des races ou des individus chez lesquels elle est constatée.

La capacité crânienne des anthropomorphes est sensiblement inférieure à celle dès hommes les plus bas placés dans l'échelle anthropologique, surtout si l'on compare les uns et les autres à l'époque de leur parfait développement. En revanche, les crânes des idiots ne diffèrent pas considérablement de ceux des grands singes, qui se rapprochent également des crânes de l'homme anté-historique découverts à Néanderthall dans la Prusse rhénane, à Borreby en Danemark, etc.

Vous avez, devant vos yeux, un tableau comparatif (1) de capacités crâniennes, tableau que j'ai emprunté au professeur

(1) Voici ce tableau :

Nombre de crânes examinés.	NATIONS.	Capacité.	Nombre de crânes examinés.	NATIONS.	Capacité.
5	Anglais............	1572,95		ral............	1347,66
38	Germains.........	1534,127	1	Japonais.........	1346
17	Parisiens n° 1....	1517		Chinois..........	1345
90	id. n° 2....	1484,23	1	Groënlandais.....	1340
7	Anglo-Américains.	1474,65	25	Mexicains........	1338,65
125	Parisiens n° 3....	1461,53	1	Siamois (Thaï)....	1331
30	Allemands........	1448		Malay, n° 2.......	1328
1	Malay, n° 1.....	1430	12	Nègres nés en Amérique..........	1323,90
	Caucasiens en général..........	1427	2	Nègres de l'Océanie............	1253,45
115	Parisiens n° 4....	1425,98		Péruviens........	1246
	Eskimaux........	1410	152	id............	1233,78
117	Parisiens n° 5.....	1409,31	3	Hottentots........	1233,78
35	id. n° 6......	1403,14		id............	1230
64	Nègres nés en Afrique............	1371,42		Polynésiens......	1230
76	Nègres en géné-		8	Australiens.......	1228,27

Huxley. A peu d'exceptions près, il répond à ce que nous savons du degré de civilisation des différents groupes de populations qui y sont mentionnés. On peut s'étonner, toutefois, d'y voir figurer les Malays immédiatement après les Allemands, et bien avant les Japonais et les Chinois, qui laissent aussi les Eskimaux et les Nègres les précéder dans cette liste.

Les capacités de crânes parisiens, que nous voyons figurer dans ce Tableau à plusieurs degrés assez différents les uns des autres, ont été déterminées par de savantes expériences de l'éminent docteur Broca.

Ces expériences aboutissent à des conclusions d'une vraisemblance à peu près incontestable. Les crânes de la série n° 2 appartiennent au xixe siècle et sont extraits de sépultures particulières, c'est-à-dire de tombes renfermant les restes d'individus de classe riche ou élevée, tandis que ceux de la série n° 6, provenant de la fosse commune et dont la capacité est très-inférieure, appartiennent aux basses classes de la population. La moyenne se trouve dans les crânes du xixe siècle de la série n° 3. Les crânes du xiie siècle, mentionnés dans la série n° 4, et qui l'emportent par leur capacité, sur les crânes contemporains de la fosse commune, proviennent de la classe aristocratique de cette époque; ils s'élèvent également au-dessus des crânes n° 5 qui sont tirés de l'ancien cimetière des Innocents (de Philippe-Auguste au xviiie siècle) et qui appartenaient vraisemblablement aux diverses couches des classes inférieures de cette période. Quant aux crânes de la série n° 1, et qui ont été fournis par les sépultures de la Morgue, on peut s'expliquer l'étonnante supériorité de leur capacité, en songeant que la plupart de ces individus sont morts par le suicide, lequel indique un état mental qui, comme tous les genres d'exaltation ou de folie, se signale par un développement considérable du cerveau.

Il faudrait évidemment renouveler de semblables expé-

riences avant de poser, comme définitivement établie, l'é-
chelle de capacité qui nous amène à admettre ici un ordre de
décroissance crânienne pouvant être résumé ainsi qu'il suit :

HAUT DE L'ÉCHELLE : 1° Fous, aliénés, esprits exaltés.

2° Classes riches ou élevées du XIXe siècle.

3° Classe aristocratique du XIIe siècle.

PLUS BAS DEGRÉ DE
L'ÉCHELLE : 4° Classes pauvres ou inférieures du XIXe siècle.

Une autre expérience, beaucoup moins minutieuse que
celle de M. Broca, mais qui ne manque pas d'un certain intérêt,
m'a amené à des résultats analogues ; et j'ai eu l'occasion de
constater, sur une double série de Français et de Japonais,
hommes et femmes, une décroissance dont la situation sociale
et le caractère moral des individus paraissent fournir une explication au moins assez vraisemblable. Le tableau que je mets
sous vos yeux vous fournira une idée de cette curieuse suite
d'observations sur lesquelles je reviendrai d'une manière
plus explicite (1).

---

(1) Voici le tableau de ces mensurations du crâne au *cadre à maxima*
de M. Broca, telles qu'elles résultent d'un premier essai d'expériences :

Nombre.	FRANÇAIS (DE 25 A 35 ANS).			Nombre.	JAPONAIS (AGES DIVERS).		
	Classe.	Profil.	Face.		Classe.	Profil.	Face.
		mill.	mill.			mill.	mill.
14	Artistes..........	205	166	3	Poètes..........	196	164
17	Littérateurs......	202	164	9	Savants, médecins.	194	164
16	Savants..........	199	162	18	Femmes libres....	192	150
16	Industriels.......	190	160	5	Fonctionn. publ...	190	159
8	Classe noble......	188	155	6	Artisans..........	190	150
6	Classe riche désœu-vrée...........	188	150	12	Saltimbanques....	187	158
14	Figurants de théâtre	188	156	7	Domestiques......	178	150
17	Soldats (campagn.)	188	160	2	Médecins de l'école indigène.	178	158
12	Domestiques......	176	158				
3	Femmes de lettres.	204	165				
7	Dames nobles. ...	190	162				
12	Figurantes de théâ-tre.	188	162				
8	Femmes du com-merce..........	188	161				
11	Filles libres......	186	160				

N. B. — Ces résultats ne sont que pro-
visoires, de telles expériences devant être
continuées sur un plus grand nombre d'individus de chacune des séries mentionnées
ci-dessus. Un très-petit nombre de sujets
seulement n'ont pas été admis dans ces
moyennes pour des raisons exceptionnelles
dont il eût été sans doute possible de se
rendre compte.

Les expériences dont je viens de vous entretenir sont remarquables à plus d'un égard, et j'espère vous y intéresser tout particulièrement lorsque je les examinerai avec vous dans tous leurs détails. Les incertitudes qu'elles présentent sont néanmoins trop nombreuses pour qu'il soit possible d'établir sur elles les bases d'une classification anthropologique rigoureuse. Les Australiens, placés au bas de l'échelle des capacités crâniennes, sont, il est vrai, de race inférieure; et les nations européennes, placées, pour la plupart, au haut de cette échelle, ont suffisamment prouvé leur supériorité. Si cependant on poursuit plus loin encore les investigations de ce genre, on trouve qu'au-dessus de la capacité crânienne moyenne de notre race, au-dessus même des hommes les plus éminents qu'elle a produits, au-dessus de Cuvier, de Schiller et de Napoléon par exemple, se trouvent placés les fous et les hallucinés. On a dit, je le sais, que le génie était souvent très-voisin de la folie, aux premières limites de laquelle il avait eu seulement le mérite de s'arrêter. Mais alors comment se fait-il que tant d'autres hommes de génie aient une capacité crânienne tellement faible qu'ils se rapprochent, à cet égard, des Papous et des singes anthropomorphes? Voici, suivant moi, l'explication de ces singulières anomalies, dont le nombre s'accroîtra certainement avec les expériences nouvelles des anthropologistes. Le degré d'intelligence, de supériorité intellectuelle des individus n'est point en raison seulement de la capacité des crânes, ni du poids du cerveau; il résulte surtout de la qualité, de la parfaite économie des éléments constitutifs de ce même cerveau.

L'*anthropométrie*, ou mensuration de l'homme appliquée aux diverses parties du corps, a fourni, de son côté, de nombreuses indications, dignes d'être enregistrées par la science; elle n'en a découvert aucune qui, par sa permanence, sa régularité, soit de nature à servir de base à une classification des races humaines. Les mœurs, les institutions, l'influence des milieux en un mot, sont parfois toutes-puissantes sur la modification physique des races, comme elles le sont sur leur transformation intellectuelle et morale. On sait que les organes qui sont l'objet d'un exercice fréquemment renouvelé acquièrent, par cela même, un développement particulier, tandis que ceux qui demeurent inactifs s'affaiblissent, s'atrophient et, parfois même, arrivent à s'annihiler presque complétement. D'autres fois, des déformations sont opérées chez les enfants par des motifs sociaux ou par suite de préjugés populaires. La forme singulière des crânes de certaines tribus américaines provient de déformations intentionnelles dont les mœurs et la civilisation des peuples où on les pratique sont seules responsables. Les Caraïbes déprimaient latéralement ou aplatissaient le crâne de leurs nouveau-nés, suivant qu'ils se proposaient d'en faire un jour des hommes de jugement ou des guerriers. Quelques-unes de ces altérations de type paraissent s'être tellement identifiées avec les individus, qu'elles se transmettent de génération en génération, sans qu'il soit de nouveau nécessaire d'intervenir artificiellement pour les reproduire. Des résultats analogues sont obtenus tous les jours, non-seulement chez les différentes races d'animaux domestiques, mais encore, et dans des conditions bien autrement remarquables, chez les végétaux qui font l'objet de nos cultures.

Je voudrais pouvoir vous entretenir, dès aujourd'hui, des questions scientifiques, en quelque sorte fondamentales, qui se rattachent aux sujets que je viens à peine d'effleurer. La théorie si considérable de *l'espèce*, en zoologie, serait la première à me préoccuper ; elle me conduirait tout naturellement à discuter le problème de la création et des modifications des races humaines. La méthode ethnographique dont j'ai entrepris aujourd'hui de vous donner une idée générale ne me permet pas de m'appesantir sur aucune de ses bases, avant d'avoir au moins passé en revue les plus importantes. Je vais donc vous dire quelques mots de la linguistique, science sur laquelle on a essayé, de même que sur l'anthropologie, de faire reposer la classification des divers groupes du genre humain.

La linguistique est la *science du langage*. Considérée dans son acception déjà ancienne, elle n'avait d'autre but que de rechercher l'étymologie des mots et d'en préciser le sens pour perfectionner l'interprétation des textes. Dans la première moitié de ce siècle, les savants qui l'ont cultivée ont voulu lui donner une portée plus considérable ; ils ont cru y découvrir une source d'éléments propres à contrôler les données de l'histoire, et même à suppléer à l'histoire pour la connaissance des peuples qui n'en ont conservé que peu ou point de vestiges. Enfin, à une époque toute récente, dans ces dernières années, on a compris que la linguistique appartenait tout autant au domaine des sciences naturelles qu'à celui des lettres proprement dites, et on a fait quelques louables efforts pour pousser la recherche du langage jusque dans les organes générateurs des sons, c'est-à-dire dans le domaine de l'anatomie et de la physiologie humaines.

Je n'ai pas à vous faire ici l'histoire de la science du langage. Il me faudrait, pour cela, remonter au moins au *Cratyle* de Platon, dans lequel la question de l'origine des idiomes est déjà posée et discutée. D'ailleurs, cette histoire, écrite par plusieurs écrivains de talent, ne saurait rentrer qu'indirectement dans les études ethnographiques qui doivent nous occuper ici. Qu'il me suffise de vous rappeler les circonstances merveilleusement favorables qui ont motivé le développement rapide de cette science, en établissant pour elle une grande famille de langues sœurs, la famille des langues dites *indo-européennes.*

La découverte du sanscrit, — car ce fut une véritable découverte, — offrait aux philologues un idiome doué tout à la fois d'une savante complexité et d'une netteté de formes irréprochable. Cet idiome avait, en outre, l'avantage de présenter les plus remarquables analogies de grammaire et de vocabulaire avec nos langues classiques, et, par suite, avec nos propres langues, qui leur ont fait de larges emprunts. Des savants recommandables se livrèrent à un examen minutieux de la grammaire et du vocabulaire comparés de ces divers idiomes; ils notèrent, avec une patience digne d'éloges, toutes les permutations de lettres qu'ils rencontraient dans leurs mots correspondants, dans leurs formes grammaticales, dans leurs dialectes ; enfin ils établirent les lois suivant lesquelles s'étaient opérées ces permutations et composèrent l'histoire des mots, qui, sortis d'une source commune, avaient acquis droit de cité dans le sanscrit, le perse, le grec, le latin, les langues germaniques, slaves, néo-latines, etc. C'était, je suis le premier à le reconnaître, un grand et magnifique résultat, dont la philologie, la critique des textes devait tirer un sérieux profit. D'autre part, on appliquait avec succès les mêmes procédés à l'étude de plusieurs autres groupes de langues, aux idiomes sémitiques, polynésiens, et d'une manière moins heureuse, moins sûre, moins scientifique en un mot, à une classe artificielle de langues successivement groupées sous le nom de langues tartares, langues turques, langues mongoliques, langues touraniennes, etc.

Il eût, peut-être, été prudent de ne pas chercher à élargir davantage le cadre déjà si vaste de la linguistique. Mais il est

bien difficile à l'homme de cultiver une science sans vouloir
l'entraîner vers les questions qui le touchent le plus, vers les
problèmes de nos origines et de nos fins. Pour cela il fallait,
nécessairement, aborder le terrain de la classification des
races, qui conduit tout droit à la discussion des hypothèses
sur leur formation primitive, sur leur parenté relative, sur
leur origine unique ou multiple. La linguistique fut pour
ses adeptes un nouveau chant de sirènes : la parenté des
langues indo-européennes poussa les philologues à pronon-
cer le mot *race indo-européenne*. Un mot est souvent fatal
par ses conséquences ; celui-ci le fut à un tel point pour les
linguistes, que les meilleurs esprits parmi eux s'efforcent
vainement encore à en repousser les fatales conséquences.
De ce mot est née une idée systématique, et de nombreux
sectateurs pour la défendre. L'histoire la plus positive a dû
courber la tête devant les suppositions fantaisistes, qu'il a
fallu imaginer, — il est facile de le comprendre, à tout esprit
non prévenu, — pour établir l'étroite parenté des Indiens au
teint brun ou noir et des Anglais au teint clair et rosé, — pour
nous faire croire enfin à ces immenses migrations aryennes
qui auraient formé, dans les temps antérieurs à l'histoire, le
contingent primitif de la population de l'Europe. Les linguistes éclairés commencent, il est vrai, à tenir compte de
cette couche de populations autochthones, parmi lesquelles fi-
gurent, notamment, les Basques, qui parlent une langue
essentiellement différente de toutes les langues indo-européennes. Mais cela ne saurait suffire ; et, dans le développement de leur doctrine, nous voyons apparaître sans cesse des
opinions aussi peu justifiées que le serait celle qui ferait des
Nègres de la Louisiane un rameau de la race à laquelle nous
appartenons, par cela seul que ces Nègres parlent anglais ou
français. L'influence du langage adopté par un peuple sur

son caractère, sur sa civilisation, est certainement considérable ; elle ne saurait aller jusqu'à justifier l'emploi de la
linguistique, comme *criterium* pour juger de la parenté des
peuples. La linguistique, du moins tant qu'elle se renfermera
dans le cadre qui lui a été tracé par l'étude du sanscrit,
ne doit avoir d'autre prétention que celle de classer les
langues ; elle sera employée mal à propos comme élément
fondamental de la classification des races et des nationalités.
Subordonnée à l'anthropologie, à l'histoire naturelle, elle
doit, au contraire, apporter un précieux concours aux études
qui nous occupent, et c'est en lui donnant ce rang médiat
dans la recherche humaine qu'elle nous apportera de pré-
cieuses lumières dans le cours de nos investigations.

La méthode ethnographique, qui consiste, comme j'ai
déjà eu l'occasion de vous le dire, dans l'examen simultané
de tous les éléments caractéristiques de l'homme et des
races, ne doit avancer qu'avec d'extrêmes réserves dans le
domaine de la classification des peuples. L'ethnographe, qui
voit rapprocher les Scandinaves et les Persans, ne peut
oublier les aptitudes maritimes des premiers et l'horreur
profonde de la mer qui est proverbiale chez les seconds ; lorsqu'on lui présente les Grecs à côté des Indiens, il ne peut
s'empêcher de comparer l'art si pur, si correct, si mesuré, si
naturel des uns, et le dévergondage plastique qui a lancé les
autres dans des créations monstrueuses, toutes allégoriques
et conventionnelles. Quand on lui oppose le monothéisme des
races sémitiques, et comme conséquence leur peu de goût
pour les arts, pour l'industrie, pour les pérégrinations lointaines, au polythéisme des Aryens, à leur sentiment très-
développé des arts figuratifs, à leur entente des affaires, à
leurs ambitieuses navigations, l'ethnographe ne peut s'abs-
tenir d'étudier de très-près la question religieuse sur la-

quelle on prononce un si grave jugement ; il est amené à se demander si l'idée philosophique et primitive de la *Tri-mourti* dans l'Inde, et de la Trinité parmi nous, loin d'être une superfétation grossière du monothéisme sémitique, n'est pas, au contraire, un pas de plus fait par l'homme vers la notion de la cause éternelle de l'existence. Il se demande en-suite s'il est bien exact que les Hébreux aient été, intuitive-ment et par la nature même de leurs aptitudes, enclins vers le monothéisme, et si cette idée religieuse n'est pas plutôt celle d'une haute individualité, celle de Moïse, dont le rôle fut de corriger les tendances idolâtres des adorateurs du Veau d'or. Il jette les yeux sur les monuments des Babyloniens, des Assyriens et des Ninivites, sur les chefs-d'œuvre d'élé-gance des constructions mauresques, et apprécie dans quelle mesure il est juste d'admettre l'absence du sentiment artis-tique chez les Sémites. L'histoire des voyages arabes aux mers lointaines de l'extrême Orient, l'habileté des Juifs dans les négociations commerciales lui disent, à leur tour, qu'il est peut-être imprudent de refuser à ces peuples des qualités qu'ils ont possédées parfois à un degré au moins égal à celui des nations indo-européennes.

Voilà, cependant, dans quelles théories inadmissibles sont nécessairement entraînés les linguistes qui, sans connaître les principes de l'ethnographie, veulent dépasser le cadre étroit de la classification des langues pour aborder les théories générales sur les groupes de l'espèce humaine. Si le temps ne m'obligeait point à être sobre de citations, il me serait facile de vous démontrer, par une foule d'autres exemples, que les linguistes, en pareil cas, font presque toujours fausse route, quand ils touchent à la question des races et des nationalités.

D'où vient donc qu'après être tombés mainte et mainte

fois dans des doctrines ethnographiques, aussi contraires aux renseignements les plus avérés de l'histoire, ils persistent à demander à la linguistique seule des résultats qu'elle est impuissante à leur accorder? — La réponse n'est pas douteuse. C'est parce qu'ils appartiennent tous à cette classe d'érudits élevés dans l'idée qu'il y a, parmi les connaissances humaines, deux sortes d'études, les sciences et les lettres proprement dites, qu'il n'est pas donné aux mêmes hommes d'aborder et de poursuivre simultanément. A celui qui a passé sa jeunesse à faire des vers grecs ou latins, et qui, au sortir des classes, a embrassé la carrière des belles-lettres et du droit, demander une connaissance tant soit peu sérieuse des sciences naturelles, et notamment de l'anatomie, c'est le plus souvent demander une chose impossible ! Le progrès des sciences modernes exige cependant, de la manière la plus impérieuse, d'abandonner le préjugé suivant lequel la main habituée à manier la plume du poète ou de l'écrivain ne saurait se décider à tenir le scalpel sur les marbres ensanglantés d'un amphithéâtre.

Ceux qui ne craindront pas d'aborder successivement tous les terrains où peut se trouver une parcelle de vérité à recueillir, je les invite à poursuivre avec moi l'étude de l'ethnographie, science toute jeune encore, mais grande par ses conséquences, et qui est appelée, j'en ai la ferme confiance, à rendre les plus éminents services à la sainte cause du progrès de l'humanité.

SOCIÉTÉ D'ETHNOGRAPHIE

FONDÉE EN 1859.

Les publications périodiques de la Société d'Ethnographie portent les titres suivants :

1° **Actes de la Société d'Ethnographie** (Compte rendu des séances, notices scientifiques, discours, rapports et instructions).

2° **Mémoires de la Société d'Ethnographie** (Travaux et documents étendus).

3° **Atlas de la Société d'Ethnographie** (Cartes ethnographiques, types de races, travaux artistiques).

4° **Mémoires couronnés par la Société d'Ethnographie** (Publication spéciale de la Commission des prix).

Les membres donateurs, titulaires et associés étrangers, ont droit à ces quatre recueils ; le premier leur est envoyé *franco* par la poste ; ils retirent les trois autres au secrétariat, en échange de la lettre d'avis qui leur est adressée à cet effet.

Les membres libres et correspondants reçoivent le premier et le quatrième de ces recueils dans les conditions indiquées ci-dessus.

(Les personnes étrangères à la Société peuvent acquérir ces divers recueils aux prix indiqués sur la deuxième page de cette couverture.)

Conditions à remplir pour faire partie de la Société.

Pour être admis dans le sein de la Société d'Ethnographie, il faut en adresser la demande au secrétaire ou à un membre du Conseil.

COTISATION. — Les *membres donateurs* payent, une fois pour toutes, une cotisation dont le minimum est fixé à 260 fr.

Les *membres libres* payent une cotisation annuelle de 15 francs (soit 150 francs une fois donnés).

Les membres donateurs et titulaires ont seuls le droit de prendre part aux délibérations administratives de la Société et du Conseil.

DIPLÔME. — Les membres de toutes les classes reçoivent, à leur entrée dans le sein de la Société, un diplôme dont le prix est de 10 francs sur papier ou de 20 francs sur parchemin.

Séances ordinaires.

Les séances ordinaires ont lieu le PREMIER LUNDI de chaque mois (août à octobre exceptés). Les communications doivent être soumises au président avant la séance.

Bibliothèque et Collections.

La Bibliothèque et les Collections de la Société sont à la disposition des membres, tous les mardis, de 2 à 6 heures. Le prêt des livres a lieu aux mêmes jour et heures. S'adresser au bibliothécaire.

N. B. — Toutes les communications ou réclamations doivent être adressées au Secrétaire, au siége de la Société, 15, RUE LACÉPÈDE, A PARIS.

PARIS. — IMPRIMERIE DE Mme Ve BOUCHARD-HUZARD, RUE DE L'ÉPERON, 5.